AF248148

PREMIÈRE LETTRE

SUR LE

SIÉGE DE PARIS

PREMIÈRE LETTRE

SUR LE

SIÉGE DE PARIS

ADRESSÉE

A M. le Directeur de la *Revue des Deux-Mondes*

Le 15 Octobre 1870

PAR M. L. VITET

De l'Académie française

Deuxième Edition

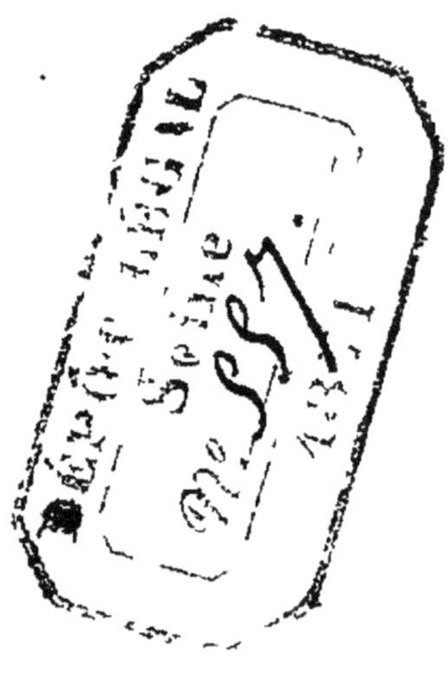

PARIS

A. SAUTON, LIBRAIRE

RUE DU BAC, 41

1871

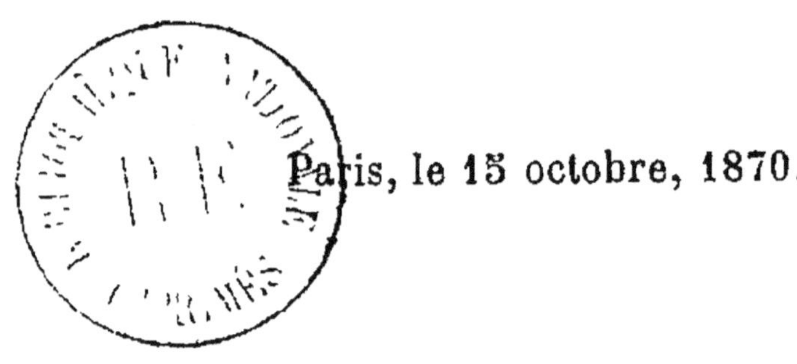 Paris, le 15 octobre, 1870.

Mon cher Monsieur,

N'êtes-vous pas, comme moi, profondément ému du grand spectacle que Paris nous donne? Le mois va s'accomplir; encore deux jours, il sera plein. Un mois de siége, un mois de réclusion! Ce Paris qui s'ignorait lui-même, qui, aux yeux du monde, n'était que la ville des plaisirs, un atelier de modes, un foyer de théâtre, une Sybaris immense, égoïste et frivole, aussi énervée de cœur qu'élégante d'esprit, le voilà qui n'est plus qu'un arsenal de guerre, une caserne, un camp.

Depuis un mois, cerné, bloqué, emprisonné, Paris se voit, sans trouble ni murmure, séparé du monde des vivants. Cette séquestration sans exemple d'une cité de deux millions d'âmes, ce fait de guerre inouï donne au premier abord une idée gigantesque de la puissance des assiégeants ; on croit y voir le dernier terme, le complément lugubre de nos revers et de nos humiliations ; mais, comme en cette guerre tout renverse et confond les prévisions humaines, l'investissement de Paris, si prodigieux qu'il semble, n'est, à vrai dire, et ne sera, j'en ai la certitude, que la condition éclatante et la rançon nécessaire de notre honneur ressuscité et de notre libération.

Il y a là tout un grand mystère qu'on ne saurait trop méditer, et, n'en déplaise aux superbes esprits qui se révoltent pour peu qu'on mêle à la conduite de ce monde le nom de celui qui l'a fait, je me permets de croire que ce mystère, c'est Dieu lui-même qui le propose à nos méditations. Dans l'impitoyable série de catastrophes et de hontes qui s'est prolongée pour nous du 2 août au 1er septembre, je reconnais un châtiment; aussi, pour moi, l'unique et suprême question est de savoir si, maintenant que Paris est bloqué, la justice divine se tient pour satisfaite, si nos faiblesses et nos servilités, notre incurie et notre suffisance, nos corruptions et notre orgueil ont reçu toute leur punition, et si la main du juge est lasse de frapper. Eh bien! j'ose le dire, des signes manifestes autorisent à croire que ce n'est plus sur nous que s'appesantit cette main redoutable; qu'un nouveau souffle enfle nos voiles, et que le flot qui nous avait jetés au plus bas de l'abîme

commence à nous soutenir et à nous rele-
ver. J'aimerais à vous convaincre que ma
confiance n'est pas seulement instinctive,
que ce n'est de ma part ni lassitude de gé-
mir, ni besoin d'illusion; j'aimerais à vous
dire les faits et les symptômes qui me sou-
tiennent et me rassurent; puisque vos co-
lonnes ne sont qu'à demi pleines, si vous
voulez, nous allons en causer.

Et d'abord, jusqu'au 1er septembre, je ne
vois pas un jour, pas une heure où notre
expiation ne soit interrompue. Échec sur
échec, faute sur faute, pas le moindre ré-
pit, pas un sourire de la fortune, pas l'om-

bre d'une consolation. Bazaine lui-même,
ce fécond capitaine, et ses héroïques soldats, s'ils vengent notre honneur dans des
flots de sang ennemi, sont impuissants à
nous porter secours.

Nous voyons là, vivants, nos meilleurs
généraux, notre plus ferme armée, et n'en
pouvons rien faire ; c'est comme une ironie
du sort.

Eh bien ! notre supplice ne se borne pas
là : tout n'est pas expié. Nous fûmes
agresseurs, nous en devons porter la peine,
il faut un affront de plus : il faut encore

Sedan, l'ignominie suprême, le dernier mot, la digne fin de l'empire. Pour cette fois, du moins, la mesure paraît comble ; l'empire n'est plus, tout va changer.

Regardez nos envahisseurs : que font-ils depuis Sedan ? qui les conduit ? Est-ce encore la fortune, la bonne chance, tranchons le mot, l'esprit de Dieu ? Non ; d'apparence ils sont encore les mêmes ; ils marchent, ils s'avancent avec le même aplomb, la même discipline : ils sont aussi prudents, aussi rusés, aussi habiles ; mais la cause qu'ils servent, ils en ont conscience, n'est plus la même depuis Sedan. Ils ne sont plus les soldats de l'Allemagne, ils sont les instruments d'un autre Napoléon III ; au lieu de répondre à un défi de souverains, ils s'attaquent à un peuple ; de provoqués, on les a faits provocateurs. Le droit et la justice ont déserté leur camp pour passer dans le nôtre.

Croyez-vous que ce changement de condition et de consigne ne se trahisse pas dans leurs actes ? Vous me direz qu'ils ont sans coup férir entouré de leurs lignes cette vaste capitale dont l'investissement passait pour impossible. J'en conviens ; mais depuis cet exploit, qui n'était que la suite de leur première veine, et que nous étions encore hors d'état de leur disputer, depuis ce succès facile, depuis tout à l'heure un mois, qu'ont-ils fait? Des tentatives incertaines, des ouvrages aussitôt démolis, pas une approche sérieuse. Au lieu de nous étreindre chaque jour davantage, leur cercle tend à s'élargir.

N'allez pas croire que je me leurre d'être déjà délivré d'eux !

Nous n'avons pas leur dernier mot, nous essuierons leur feu, j'en suis certain : en fait de surprise et de ruse, je sais ce qu'on peut en attendre. Derrière les travaux visibles démolis par nos forts, il doit s'en trouver d'invisibles que bientôt ils démasqueront ; mais, quelle qu'en soit la force et la portée, ce n'en est pas moins péniblement, sans entrain et sans grande assurance qu'ils les ont établis. Rien ne ressemble moins à l'activité foudroyante des premiers temps de la campagne que les tâtonnements et les retards d'aujourd'hui.

Ajoutez un autre symptôme peut-être encore plus éloquent que les changements d'allure de cette immense armée, je veux parler de l'inconcevable faute dont n'a pas

su se garantir l'habile auteur de cette
guerre, celui qui en silence la prépara si
bien, qui la gouverne et la conduit encore,
l'âme et le bras, le chef réel de son pays.
Que le roi Guillaume ait quelque peine à
porter le fardeau de sa gloire inespérée,
qu'il en perde la tete, et que son orgueil
se berce d'insolentes chimères, de préten-
tions outrecuidantes, il n'y a rien là qui
m'étonne, rien qui trompe mes prévisions ;
mais M. de Bismark, s'enivrer de la même
fumée, s'abandonner aux mêmes appé-
tits, tomber dans ces excès vulgaires,
ne plus se posséder, ne plus se contenir,
oublier l'A B C de la diplomatie, et, comme

un écolier, donner en plein dans le plus transparent des piéges, voilà qui signifie quelque chose de plus qu'une simple défaillance d'un éminent esprit. J'y vois le signe indubitable des voies nouvelles où nous entrons et des revanches qui pour nous se préparent.

Si le chancelier fédéral, répondant à M. Jules Favre, à ce loyal ultimatum si noblement posé, eût laissé voir quelque modération, ne fût-ce qu'en paroles, sans même s'engager à fond, grâce aux ressources du métier, sait-on ce qu'il y gagnait? Il nous lançait un brandon de

discorde, il nous semait la guerre civile.
Des conditions à demi tolérables pouvaient
alors séduire tant de gens ! Les impa-
tients, les timides, les travailleurs sans
ouvrage, les intérêts en souffrance,
eussent exigé qu'on traitât, tandis que
les résolus, les fermes cœurs se seraient
indignés. De là de sérieux conflits, des
troubles, des querelles, au grand profit de
M. de Bismark. Le comble du savoir-faire
dans cette heure solennelle, qui aura sa
date dans l'histoire, était donc de ne rien
surfaire, de dire tout net son dernier mot,
de simuler surtout un grand respect du
droit, de singer les sentiments honnêtes.

S'il se fût imposé cette tâche, il nous rui-
nait du coup; mais il a préféré la stérile
jouissance d'exhaler ses rancunes et de
goûter devant son interlocuteur le plaisir
de dépecer la France, sinon de fait, au
moins en conversation. Il a commis ainsi,
en proclamant ses folles exigences, la
même faute, la même exactement que l'ex-
empereur Napoléon en déclarant la guerre
à la Prusse.

Il faut qu'il se résigne à ce parallèle
désobligeant, les deux déclarations se va-
lent: l'une a produit d'un seul coup l'unité
allemande, ce danger que depuis quatre

ans il s'agissait de conjurer; l'autre aussi promptement a fait éclore en France l'unité des partis, utopie généreuse à peine rêvée jusque là. Ne fût-elle que temporaire, cette unité bienheureuse, elle aura fait notre salut et la ruine, à coup sûr, de l'invasion prussienne. Grâces en soient rendues à l'illustre ministre; c'est lui qui nous l'aura donnée. Il a fait mieux encore, il a du même coup fondé sérieusement chez nous la République. Pour ceux-là même à qui ce nom rappelait de tristes souvenirs, du moment qu'il sera prouvé que nos discordes sous cette égide ont meilleure chance de s'étouffer, que ce gouvernement du pays par le pays, cette noble institution si belle en théorie, n'est pas dans la pratique nécessairement incompatible avec l'ordre et la paix, qu'elle ne fait pas tomber nos têtes et qu'elle sait vaincre nos ennemis, croit-on qu'après la délivrance l'idée leur vienne de chercher mieux ailleurs? Qui de nous lui serait infidèle une fois qu'elle nous aura sauvés? Ainsi M. de Bismark aura fait à l'Europe cette galanterie d'implanter enfin pour de bon la république en France. Tout cela, vous en conviendrez, n'est pas d'un politique. Or, comme en ce moment je ne vois pas en Europe un esprit plus vraiment politique

que le chancelier fédéral, j'en conclus que depuis Sedan il a cessé d'être lui-même, et qu'il subit la sévère influence d'un pouvoir supérieur qui, pour le châtier à son tour, commence par l'aveugler.

Mais ce n'est pas assez que l'armée prussienne nous paraisse hésitante, et que son chancelier se fourvoie ; nous avons pour prendre confiance un motif encore plus décisif, c'est de regarder Paris. Dans les premiers jours de septembre, on peut en convenir maintenant, le dessein d'engager Paris dans un siége à outrance n'était qu'une crânerie tant soit peu théâtrale, qui supportait mal l'examen; aussi personne n'y voulait croire. Quand vous disiez aux gens de faire des provisions, il fallait voir de quel œil et avec quèl sourire ils accueillaient votre conseil.

Peut-être alors en avaient-ils le droit, car, à vrai dire, rien n'était prêt. Nous n'étions pas, à Paris, mieux en état de soutenir un siége au lendemain de Sedan que nous n'étions, le 2 août, en position d'attaquer l'Allemagne. Néanmoins cette crânerie, que les Prussiens évidemment auront prise pour une gasconnade, est aujourd'hui l'acte le plus sensé, le plus réel, le mieux justifié, et la raison l'approuve aussi bien que le patriotisme. Non-seulement nos remparts sont maintenant achevés, fortement protégés à tous les points vulnérables, munis de bons canons, de poudrières, de munitions sans fin, d'abris, de casemates, mais nous avons, ce qui est plus rare, de merveilleux pointeurs, d'héroïques canonniers de marine ; nous avons une armée de ligne qui a repris sa vigueur, ses goûts de discipline et l'amour du métier, ne se souvenant plus de nos désastres que par la soif de les venger ; nous avons d'innombrables mobiles, avant-garde des armées de secours que la province nous

envoie, milice aux mâles et honnêtes
visages, marchant de ce pas décidé qui
n'appartient qu'aux gens de cœur. Le
courage semble les faire grandir, tant ils
sont tous de haute taille : ils sont arri-
vés enfants, et les voilà déjà transfor-
més à vue d'œil en vieux et solides soldats.

N'oublions pas enfin cette autre et puis-
sante enceinte qui couvre la cité, les poi-
trines de la population virile tout entière,
ces 300,000 gardes nationaux rivalisant,
eux aussi, à la manœuvre et aux remparts,
avec nos meilleurs vétérans.

Tout ce que Paris pouvait faire, il l'a fait en quelques semaines avec une constance, un calme, une énergie que personne sans en être témoin ne peut imaginer. Pas la moindre forfanterie, plus de cris, plus de bravades ; une résolution sérieuse se lit sur tous ces visages. Nous n'avions qu'une crainte, les démences démagogiques, les criminelles entreprises des clubs et des énergumènes. Peut-être même aurions-nous souhaité que le pouvoir vis-à-vis d'eux prît dès l'abord l'excellente attitude que nous lui voyons aujourd'hui ; mais le résultat nous suffit. Grâce au bon sens et à l'intelligence de la population

parisienne, avertie par le bruit du canon,
cette sorte de danger, cher à la Prusse et,
je le crois, sa meilleure espérance, est dé-
sormais entièrement conjurée. Paris, sans
se démentir, complétera son œuvre; il
ira jusqu'au bout, jusqu'au bombarde-
ment, s'il faut que nous l'endurions, —
jusqu'aux privations les plus dures et les
plus stoïques, si le triomphe n'est qu'à ce
prix.

C'est à la France maintenant d'achever
la besogne. Qu'elle frappe un grand coup,
sans rien précipiter, sans compromettre ses
précieuses ressources imprudemment et au

hasard. Mieux vaut nous imposer un sur-
croît de patience et ne pas risquer un échec
qui serait pour le coup notre ruine.

Quoi qu'il arrive cependant, et quand le
sort s'acharnerait à nous être contraire,
quand la loterie des batailles nous refuse-
rait encore ses faveurs, il est une conquête
qui nous est assurée : l'honneur est sauf,
grâce à Paris. Nous ignorons ce que l'Europe, au delà de l'épais rempart qui depuis un mois nous en sépare, pense, ima-
gine et dit; nous ignorons ce qui s'im-
prime à Londres et à Berlin à propos des
affaires de France et d'Allemagne; mais

nous avons la plus entière certitude que
le *Times* lui-même n'ose plus rire de nous,
et qu'il n'est pas sans laisser voir certaine
appréhension sur le succès définitif de ses
commanditaires.

Ne pensez-vous pas aussi, mon cher
Monsieur, que, sans beaucoup nous compromettre, nous pourrions également affir
mer que si la conférence de Ferrières de-
vait se tenir aujourd'hui, il s'y prononce-
rait de tout autres paroles, et que nous
n'aurions pas à reprocher cette fois au
chancelier fédéral son défaut de modération? Je crois que, s'il pouvait reprendre

ses téméraires propos, il les payerait un beau prix.

Ne bornons pas là notre espoir : le trouble de nos ennemis devant notre attitude n'est pas ma seule consolation. Je pense à l'avenir, à notre chère France, et je me dis : Sortir vainqueurs de cette horrible crise, ce sera déjà bien, mais ce qui vaut mieux encore sera d'avoir racheté nos faiblesses passées : l'expiation sera complète, nous nous serons régénérés.

L. VITET.

8940 — Paris Imprimerie JOUAUST, rue Saint-Honoré, 338.